BEI GRIN MACHT SICH IHR WISSEN BEZAHLT

- Wir veröffentlichen Ihre Hausarbeit,
  Bachelor- und Masterarbeit

- Ihr eigenes eBook und Buch -
  weltweit in allen wichtigen Shops

- Verdienen Sie an jedem Verkauf

Jetzt bei www.GRIN.com hochladen und kostenlos publizieren

Bibliografische Information der Deutschen Nationalbibliothek:

Die Deutsche Bibliothek verzeichnet diese Publikation in der Deutschen National-
bibliografie; detaillierte bibliografische Daten sind im Internet über http://dnb.d-
nb.de/ abrufbar.

Impressum:

Copyright © 2000 GRIN Verlag, Open Publishing GmbH
Druck und Bindung: Books on Demand GmbH, Norderstedt Germany
ISBN: 9783668427471

Dieses Buch bei GRIN:

http://www.grin.com/de/e-book/357861/grundlagen-chancen-und-risiken-von-
optionsscheinen

Tanja Nagler

Grundlagen, Chancen und Risiken von Optionsscheinen

GRIN Verlag

GRIN - Your knowledge has value

Der GRIN Verlag publiziert seit 1998 wissenschaftliche Arbeiten von Studenten, Hochschullehrern und anderen Akademikern als eBook und gedrucktes Buch. Die Verlagswebsite www.grin.com ist die ideale Plattform zur Veröffentlichung von Hausarbeiten, Abschlussarbeiten, wissenschaftlichen Aufsätzen, Dissertationen und Fachbüchern.

Besuchen Sie uns im Internet:

http://www.grin.com/

http://www.facebook.com/grincom

http://www.twitter.com/grin_com

Grundlagen, Chancen und Risiken von Optionsscheinen

Hausarbeit

im Fachbereich Betriebswirtschaftslehre

Schwerpunkt Finanzdienstleistungen

Sommersemester 2000

eingereicht beim

Fachbereich Allgemeine Betriebswirtschaftslehre

an der

Fachhochschule

Frankfurt am Main

von

Tanja Nagler

Studienrichtung Betriebswirtschaftslehre

4. Fachsemester

Inhaltsverzeichnis

1 Einleitung

Im Rahmen von Kapitalmarkttransaktionen haben Optionsscheine in den letzten Jahren eine zunehmende Bedeutung gewonnen. Eine immer breitere Anlegergruppe nutzt Optionsscheine, um Börseneinschätzungen mit begrenztem Kapitaleinsatz umzusetzen.

Die vorliegende Arbeit erläutert die Grundlagen von Optionsscheinen, und stellt die Chancen und Risiken dar, die mit dem Erwerb solcher Wertpapiere verbunden sind. Hierbei wird auf die Möglichkeiten von Risikobegrenzung eingegangen, aber auch auf die direkten spekulativen Engagements. Da vielen Privatanlegern die mit einem Optionsschein verbundenen Risiken nicht völlig bekannt sind, sind heute die Banken verpflichtet, ihre Kunden aufzuklären, und gegebenenfalls auch einen Kundenwunsch abzulehnen.

Da der Optionsschein als Instrument der Finanzierung von Unternehmen keine besondere Bedeutung spielt, haben Finanzinstitutionen eigene Optionsscheine herausgegeben. Gleichzeitig haben Optionsscheine auf unterschiedliche zugrunde liegende Werte stark zugenommen und Popularität gewonnen.

Der Optionsscheinhandel ist im Rahmen des stärkeren Interesses der Privatanleger an risikoreicheren Anlageformen gewachsen. In letzter Zeit allerdings wurde er durch die Flut von Neuemissionen am Neuen Markt in den Schatten gestellt.

2 Grundlagen von Optionsscheinen

Der Optionsschein stellt eine besondere Form der Termingeschäfte dar. Termingeschäfte sind volkswirtschaftlich nützlich, da sie einen Risikoausgleich zwischen zwei Parteien ermöglichen. Historisch gesehen fanden die ersten Termingeschäfte im Warenhandel statt. Hier dienten Spekulanten mit ihrer Fähigkeit, Risiken zu übernehmen als willkommene Partner von Produzenten.

Auch am Kapitalmarkt dienen Termingeschäfte dem Zweck Risiken aktiv einzugehen, oder Risiken zu begrenzen. Das Volumen der Termingeschäfte hat heute ein Volumen angenommen, das ähnlich wie die Volumen der traditionellen Kapitalmärkte, das klassische Handelsvolumen deutlich übersteigt.

Bei Optionsscheinen handelt es sich um eine verbriefte Form, d.h. einem Wertpapier. Optionsscheine sind regelmäßig an einer Börse handelbar. Diese Handelbarkeit stellt für die Marktteilnehmer ein wichtiges Kriterium dar, da so Positionen täglich neu entschieden werden können.

Die ersten Optionsscheine wurden von Aktiengesellschaften im Zusammenhang mit Anleiheemissionen gegeben. Damit wurde die klassische Fremdfinanzierung mit einem Element der Eigenkapitalfinanzierung verbunden. Die Verknüpfung mit einem Optionsschein auf die Aktien der Gesellschaft erlaubte es, die Zinsen für die Anleihe unterhalb des jeweiligen Marktzinsniveaus festzulegen. Der Käufer erhielt statt einer marktgerechten Verzinsung die Chance auf einen Kursgewinn.

Das Volumen solcher Optionsanleihen ist aber begrenzt, und die Finanzierungsmöglichkeiten des Unternehmenssektors so vielschichtig, daß es nicht zu einem ausreichenden Angebot an Optionsscheinen kommen konnte.

Die Einsatzmöglichkeiten für Optionsscheine wurden zügig weiterentwickelt, und auf andere Anlageformen ausgedehnt. Heute findet der Anleger Optionsscheine auf Aktien, Aktienindizes, Zinsen, Währungen und Edelmetalle. In Deutschland können auch Optionsscheine auf Indizes von ausländischen Börsenplätzen gehandelt werden.

Ein übergeordneter Begriff ist die Option. „Die Option bezeichnet das Recht, in der Zukunft zu einem bestimmten Zeitpunkt ein bestimmtes Geschäft (einen Kauf oder Verkauf) zu tätigen. Für dieses Recht muß zum Zeitpunkt des Kaufs der Option ein bestimmter Betrag entrichtet werden"[1].

---

[1] Schwanfelder, Werner, Optionsscheine für Einsteiger, 1999

Bei Optionen unterteilt man grundsätzlich vier Positionen. Zum einen die eingeräumte Rechtsposition, welche den Kauf oder Verkauf zum Gegenstand hat, zum anderen die Position des Käufers des Rechtes und des Verkäufers desselben. Letzterer wird als Stillhalter bezeichnet. Bei Optionsscheinen nimmt diese Stillhalterposition der Herausgeber des Scheines ein. Er ist verpflichtet, während der Laufzeit stillzuhalten, während sich der Käufer aktiv entscheiden kann, wann und ob er das Recht ausübt.

2.1 Definition

Der Optionsschein verbrieft ein Recht, welches im Kern als standardisiert bezeichnet werden kann. Der Herausgeber des Optionsscheines sichert dem jeweiligen Eigentümer das Recht zu, einen bestimmten Vermögensgegenstand innerhalb einer bestimmten Frist zu einem festgelegten Preis zu überlassen, ein sogenannter Call. Das Optionsverhältnis bestimmt, wie viele Einheiten des Vermögensgegenstandes für einen Optionsschein erworben werden können.

Umgekehrt kann ein Optionsschein das Recht verbriefen, dem Herausgeber innerhalb einer bestimmten Frist zu einem bestimmten Preis Vermögensgegenstände zu verkaufen, ein sogenannter Put. Das Optionsverhältnis besagt, wie viele Einheiten des Vermögensgegenstandes für einen Optionsschein abgegeben werden können.

Das Recht stellt aber keine Pflicht dar. Der Inhaber kann also den Optionsschein auch nicht ausüben, und ihn am Ende der Laufzeit verfallen lassen. Dies wird er regelmäßig dann tun, wenn sich der Kurs des zugrundeliegenden Wertes für ihn negativ entwickelt hat.

Als Basispreis wird der Preis bezeichnet, zu dem der Vermögensgegenstand ge- oder verkauft werden kann. Das Optionsverhältnis wird in Zahlen angegeben. Ein Verhältnis von 1:1 bedeutet, daß für einen Schein eine Einheit des Vermögensgegenstandes ge- oder verkauft werden kann. Bei Aktien ist ein Verhältnis von 1:1 nicht mehr die Regel. Vielfach können mit einem Schein nur Bruchteile (0,20 oder 0,50) erworben werden. Bei hohen Indexständen oder bei Aktien mit besonders hohen Kurswerten kann ein solch niedriges Verhältnis sinnvoll sein.

In Abgrenzung zu bestimmten anderen Formen und nationalen Unterschieden kann herausgestellt werden, daß das in meisten Scheinen verbriefte Recht jederzeit während der Laufzeit ausgeübt werden kann. Diese Form stellt den amerikanischen Typ dar, der Form die in Deutschland üblich ist. Beim europäischen Typ kann die Ausübung nur am Ende der Laufzeit vorgenommen werden.

Die ursprüngliche Form eines Aktienoptionsscheins, die Verbindung mit einer Optionsanleihe, stellte eine bedingte Kapitalerhöhung dar. Nur in dem Umfang, wie Optionsscheine ausgeübt wurden, erhöhte sich das Kapital der Aktiengesellschaft. Die von Banken herausgegebenen Aktienoptionsscheine unterteilen sich in ‚gedeckte' und ‚ungedeckte' Optionsscheine. Bei ‚gedeckten' Scheinen liegt der Emission ein Deckungsbestand an entsprechenden Aktien zu Grunde, d.h. die Bank kann jederzeit dem Inhaber eines Scheines eine Aktien aushändigen. Bei ‚ungedeckten' Scheinen gibt es keinen Deckungsbestand, die Bank muß bei Ausübung von Optionsrechten Aktien am Markt erwerben. Ungedeckte Scheine spiegeln die Tatsache wider, daß die Mehrheit der Marktteilnehmer nicht an dem Erwerb des Vermögensgegenstandes interessiert ist, sondern die Kursschwankungen als solche nutzen möchte. In den meisten Fällen werden die Optionsscheine innerhalb ihrer Laufzeit mehrfach gehandelt.

Optionsscheine auf Indizes können nicht beliefert werden, hier kann nur ein Barausgleich am Ende der Laufzeit vorgenommen werden, so „kommt es nicht zu einer Lieferung von Aktien und Anleihen – und einen Index kann man nicht liefern, ebensowenig wie Bruchteile von Aktien-, es finden vielmehr ein Differenzausgleich statt, ein ‚cash-settlement' "[2]

2.2 Bewertung

Der Kurs für einen Optionsschein ergibt sich nach Angebot und Nachfrage. Die Grundlage bildet aber zunächst die Differenz zwischen dem Basispreis und dem aktuellen Kurs des Vermögensgegenstandes. Typischerweise notiert der Kurs eines Scheines aber oberhalb des inneren Wertes. Dies spiegelt die Laufzeit des Scheines und die Dynamik des Kurses des Vermögensgegenstandes wider. „Der Optionsschein ist um so wertvoller, je länger die Laufzeit noch ist"[3].

„Kennzahlen dienen der Beurteilung, sie sind aber allein nicht unbedingt aussagefähig, und müssen in ihrer Gesamtheit gesehen werden. Für den Privatanleger gilt, er muß die Kennzahlen nicht berechnen können, aber er sollte wissen was sie aussagen und welche Relevanz sie für seine Anlageentscheidung haben"[4]. Die für ihn wichtigen Kennzahlen sind:

- Prämie
- Innerer Wert
- Aufgeld
- Hebel .

Der Preis für den Erwerb eines Optionsscheins wird auch als Prämie bezeichnet.

Als innerer Wert bezeichnet man die Differenz zwischen dem Tageskurs des zugrundeliegenden Vermögensgegenstandes und dem Basispreis unter Berücksichtigung des Optionsverhältnisses. Er entspricht also dem Betrag, den der Optionsscheininhaber bei sofortiger Ausübung des Optionsscheins realisieren kann.

[2] Weissenfeld, Horst und Stefan, Das grosse Buch der Optionsscheine 1998, S. 358
[3] Weissenfeld, Horst und Stefan, Das grosse Buch der Optionsscheine 1998, S. 513
[4] Schwanfelder, Werner, Optionsscheine für Einsteiger S. 122

„Das globale Aufgeld gibt an, um wieviel Prozent der Kurs des Bezugsgutes steigen bzw. fallen muß, damit der Inhaber des Optionsscheines die Kosten der Optionsprämie decken kann. Anders ausgedrückt: das Aufgeld gibt an, um wieviel teurer der Erwerb des Bezugsgutes durch Ausübung des Optionsrechts gegenüber dem direkten Erwerb des Bezugsgutes ist"[5].

Aufgeld =   Kurs des Optionsscheins x Optionsverhältnis
          + Basispreis – Kurs des Basiswertes[6]

Das globale, in Prozent ausgedrückte Aufgeld eines Optionsscheins gibt an, um wieviel Prozent der Börsenkurs des Basiswertes mindestens steigen (bei Puts mindestens fallen) muß, damit der Schein ohne Verlust bei Endfälligkeit ausgeübt werden kann.

Hier wird zwischen einem globalen und einem jährlichen Aufgeld unterschieden. Unter dem globalen Aufgeld wird das absolute Aufgeld verstanden. Da sich diese Betrachtungsweise nicht für einen Vergleich verschiedener Optionsscheine eignet, wird ein zeitbezogenes, jährliches Aufgeld hierfür herangezogen.

Sind innerer Wert und Prämie gleich, spricht man von einer fairen Bewertung.

Der Hebel gibt ein Verhältnis an und sagt aus, wie sich die Kursentwicklung des Optionsscheines im Vergleich zum Basiswert verändert. Durch den regelmäßig kleinen Kapitaleinsatz beim Schein verändert sich der Kurs desselben meistens viel stärker als der Kurs des Basiswertes. Eine einfache Definition für den Hebel lautet: Der Hebel zeigt an, um wieviel Prozent der Kauf- oder Verkaufsoptionsschein steigt, wenn der Börsenkurs des Basiswertes um 1 % steigt (fällt). Diese Faustformel stimmt allerdings nur, sofern keine anderen Faktoren auf die Kursentwicklung des Scheines wirken. Es gibt verfeinerte Formen, welche die Angabe eines Hebels genauer darstellen.

Ein starker Einflußfaktor auf die Kursentwicklung eines Optionsscheins resultiert von der Kursbewegung des Basiswertes. Die Kursausschläge oder die Kursschwankung werden als Volatilität bezeichnet. Eine hohe Volatilität bedeutet normalerweise, daß der Anleger ein überdurchschnittliches Risiko eingegangen ist. Hat der Anleger aber in einen Optionsschein investiert, interessieren ihn Werte mit hoher Volatilität. „Je volatiler die Kurse des Underlying, desto größer die Wahrscheinlichkeit, daß die Preise am Verfalltag vom Strike abweichen. Um so größer ist damit auch für den Käufer die Chance, daß er einen hohen inneren Wert realisieren kann."[7]

Für die Bewertung von Optionsscheinen werden von Banken Bewertungsmodelle eingesetzt, die zusätzliche Kennzahlen berücksichtigen. Hierbei werden die verschiedenen Einflußgrößen auch zueinander in Bezug gesetzt. Auf diese mathematischen Berechnungen wird hier aber nicht näher eingegangen. Sie bestimmen im wesentlichen die Risikobewertung und werden als dynamische Kennzahlen bezeichnet.

---

[5] Schwanfelder, Werner, Optionsscheine für Einsteiger S. 146
[6] Schwanfelder, Werner, Optionsscheine für Einsteiger S. 146
[7] Schwanfelder, Werner, Optionsscheine für Einsteiger S. 140

Es handelt sich dabei um (nach Schwanfelder):

Kennzahl	Inhalt
Delta	Veränderung der Optionsprämie abhängig vom Bezugswert
Gamma	Veränderung des Delta abhängig vom Bezugswert
Theta	Zeitwertverlust
Vega	Abhängikeit der Optionsprämie von der Volatilität des Bezugswertkurses
Omega	prozentuale Veränderung der Optionsprämie abhängig von prozentualer Veränderung des Bezugswertkurses.

2.3   Handel

Der Börsenhandel unterteilt sich in verschiedene Segmente. Die Literatur weist den Segmenten unterschiedliche Qualitätsmerkmale zu. Der amtliche Handel stellt das höchste und damit qualitätsmäßig beste Segment dar, da es die strengsten Zugangsvorschriften voraussetzt.

Allerdings kann auch die Auffassung vertreten werden, daß das Vertrauen in die Banken so hoch ist, daß der durchschnittliche Anleger beim Handel in Optionsscheinen nicht auf das Börsensegment achtet, in dem sie offiziell gehandelt werden. Für viele Scheine, insbesondere ‚ungedeckte' Scheine, werden Kurse nur vom herausgebenden Kreditinstitut gestellt. Für die Banken ist die Zulassung zum Börsenhandel, insbesondere zum amtlichen Handel, wenig attraktiv, da die Aufwendung nicht in einem vernünftigen Verhältnis zur kurzen Laufzeit der Scheine stehen.

Der Wettbewerb ist sehr lebhaft. Der Anlager findet für bestimmte Anlageformen verschiedene Optionsscheine, und kann so auswählen. Unterschiedliche Laufzeiten und unterschiedliche Basispreise müssen hierbei berücksichtigt werden, um die Preiswürdigkeit zu vergleichen.

Die börsengehandelten Optionsscheine stellen eine standardisierte Anlageform dar. Dies ermöglicht einen laufenden Handel, der für die Anleger eine gute Liquidität darstellt. Als Liquidität wird hier verstanden, daß jederzeit ge- und verkauft werden kann, eine Anlage also wieder in Geld bzw. ein Guthaben getauscht werden kann. Institutionelle Anleger haben manchmal besondere Bedürfnisse, die mit diesen Produkten nicht abgedeckt werden können. Banken entwickeln und bieten für diese Kundengruppe auch spezialisierte Formen die dann außerhalb des Börsenhandels ge- oder verkauft werden.

Diesen Handel außerhalb der organisierten Börse nennt man OTC-Handel. Der Begriff kommt aus dem amerikanischen und heißt ‚over-the-counter'.

2.4 Informationsquellen

Viele Finanzmagazine und –zeitungen informieren systematisch über Optionsscheine. Typischerweise wird die Auswahl unterstützt durch Angaben von Aufgeld und Hebel. Auch über das Internet kann sich der Anleger heute zeitnah informieren.

„Das Thema ‚Optionsscheine' ist derzeit so aktuell, daß auch die Wirtschaftzeitungen und Zeitschriften teure Hochglanzseiten dafür verwenden..., empfehlenswert und topaktuell ist die Börsenberichterstattung im Fernsehen, bei der Telebörse – im Sender n-tv – und bei 3sat-Börse."[8]

---

[8] Weissenfeld, Horst und Stefan, Das grosse Buch der Optionsscheine, 1998 S. 123

3 Chancen auf dem Markt

3.1 Belehrung durch die Banken

Banken sind verpflichtet, ihre Kunden über die typischen Risiken hinzuweisen. Solche Belehrungen müssen auch von Zeit zu Zeit wiederholt werden.

„Der Banken-Senat des BGH in Karlsruhe versetzt die Banken in Angst, er entscheidet in letzter Zeit häufiger für die Anleger[9]". Um sich gegenüber ungerechtfertigten Kundenklagen zu schützen, dokumentieren Banken intern die Risikofähigkeit des einzelnen Kunden. Hierzu dient in der Regel ein Beratungsbogen. Auf Basis dieser Kundenangaben wird dann eingeteilt, welche Kapitalmarktgeschäft der Kunde bei seiner Bank durchführen darf. Als Beispiel kann folgende Einteilung[10] angesehen werden:

1. Sicherheit
2. Konservativ
3. Risikobewußt
4. Dynamisch
5. Spekulativ

Während für die Risikoklasse 4 Anlagen in gewissen Finanzinnovationen wie Reverse-Floater möglich sind, sind Anlagen in Optionsscheinen nur Kunden der 5. Risikoklasse erlaubt.

3.2 Einschätzung der Marktteilnehmer

Abb. 1[11]

Einschätzung der Marktteilnehmer		- Anfänger	
		- Spieler + Optionäre ⇨ Kap.5.	
	Kaufoptionsschein = Call	**Verkaufsschein = Put**	
Käufer	ist bullish gestimmt	ist bearish gestimmt	
Meinung	Hausse: rechnet mit stark steigenden Kurse	Baisse: rechnet mit stark fallenden Kurse	
Risiko	gleichbleibende/fallende Kurse	gleichbleibende/steigende Kurse	
Gewinn	Aktienkurs über dem Basispreis: Differenz aus Basispreis und Börsenkurs - Optionspreis	Aktienkurs liegt unter dem Basispreis: Differenz aus Basispreis und Börsenkurs - Optionskurs	
Verlust	auf den Preis des Optionsschein begrenzt	begrenzt: Preis des Optionsscheins	

---

[9] Weissenfeld, Horst und Stefan, Das grosse Buch der Optionsscheine, 1998 S. 108
[10] Weissenfeld, Horst und Stefan, Das grosse Buch der Optionsscheine, 1998 S. 110
[11] Weissenfeld, Horst und Stefan, Das grosse Buch der Optionsscheine 1998, S. 565

Bei einem Börsengeschäft haben Käufer und Verkäufer typischerweise entgegengesetzte Markteinschätzungen. Dies trifft auf Engagements in Optionsscheinen in gleicher Form zu. Da die Banken ihre Engagements aber durch Gegengeschäfte schnell und effizient absichern können, soll hier die Sicht des privaten Anlegers im Vordergrund stehen.

Die Tabelle in Abb. 1 macht deutlich, daß der Käufer eine klare Erwartung hinsichtlich der Börsentendenz hat. Eine Seitwärtsbewegung der Kurse bringt ihm keinen Vorteil, im Gegenteil: der Schein verliert an Wert. Ebenfalls ist festzuhalten, daß in jedem Fall das Risiko auf den Einsatz, den Preis für den Optionsschein, begrenzt ist.

3.3 Einsatzmöglichkeiten

Die Chancen durch den Einsatz von Optionsscheinen liegen hauptsächlich in:

- begrenztem Kapitaleinsatz
- der Hebelwirkung des Scheines
- der Möglichkeit einer Risikobegrenzung

Für den Anleger ergeben sich verschiedene Einsatzmöglichkeiten. Privatanleger dürften am meisten den Vorteil schätzen, mit geringem Kapitaleinsatz an der Börse teilnehmen zu können. Sofern der Kapitaleinsatz in einem Rahmen erfolgt, der auch der Risikofähigkeit des Anlegers entspricht, kann er mit gutem Gewissen solche Risiken eingehen. Auf jeden Fall muß er sich darüber im klaren sein, daß ein Optionsschein am Ende der Laufzeit verfällt, und damit sein eingesetztes Kapital auf Null gefallen ist.

Der Vorteil des begrenzten Kapitaleinsatzes wird attraktiv durch die Hebelwirkung. Wie unter 2.3 beschrieben, verändern sich die Kurse von Optionsscheinen stärker, als die Kurse der Basiswerte. Der Anleger kann somit beachtliche prozentuale Gewinne erzielen. Sofern er seine anderen Anlagen z.B. in guten festverzinslichen Wertpapieren vorgenommen hat, hat er gleichzeitig sein Risiko begrenzt, da nur der in Optionsscheinen angelegte Betrag mit dem Risiko eines Totalverlustes behaftet ist. Anleger, welche die Chancen an den Börsen nutzen möchten, und nicht über großes Kapital verfügen, sich nur mit einzelnen Bereichen befassen oder auskennen (Aktienindizes, Währungen), können Optionsscheine für sich nutzen.

Optionsscheine bieten auch die Möglichkeit, auf Zinsänderungen zu spekulieren. Der Basiswert ist in solchen Fällen z.B. eine Anleihe des Bundes. Während Anleihekurse weniger stark schwanken als Aktien, kann über den Hebel eines Optionsscheins auch eine indirekte Anlage in Anleihen ein sehr dynamisches Investment sein. In Verbindung mit einem bestehenden Festzinsdarlehen kann durch Einsatz von Optionsscheinen eine variable Verzinsung erreicht werden. Nimmt man aus Vorsichtsgründen ein langfristiges Darlehen mit festem Zinssatz auf (z.B. zur Hausfinanzierung), kann man bei Erwartung fallender Zinsen einen Call-Optionsschein erwerben. Fällt das Zinsniveau tatsächlich, kann der Schein mit Kursgewinn veräußert werden, und reduziert so die Kosten für den ‚teureren' Kredit.

Geht allerdings die Spekulation nicht auf, verliert man zusätzlich den Kaufpreis für die Scheine, das heißt die gezahlte Prämie.

Ein defensiver Einsatz von Optionsscheinen liegt vor, wenn man bestehende Anlagen durch den Kauf von Put-Optionsscheinen absichert. Ein Anleger hält z.B. ein gestreutes Aktiendepot, daß er langfristig halten möchte. Gleichzeitig möchte er sich vor starken Börsenrückgängen schützen. Wenn er der Meinung ist, daß das Börsenkursniveau künftig sinkt, kann er durch Kauf von Put-Indexoptionsscheinen eine Sicherheit aufbauen. Fallen die Aktienkurse tatsächlich, steht dem Kursverlust seiner gehaltenen Aktien ein Gewinn aus den Optionsscheinen entgegen. Aufgrund der unterschiedlichen Kursentwicklung der einzelnen Aktien und dem Aktienindex wird der Ausgleich aber nur unvollständig sein. Das Ziel des Anleger kann aber dennoch als erreicht angesehen werden. Ein weiterer Punkt liegt darin, daß er sich die Transaktionskosten für den Verkauf und einen späteren Rückkauf seiner Aktien erspart hat.

4 Risiken für die Anleger

Die Risiken bei Optionsscheinen liegen im wesentlichen in:

- mangelnder Information
- der begrenzten Laufzeit
- der Hebelwirkung.

Grundsätzlich muß sich ein Anleger mit den Spielregeln der Optionsscheine vertraut machen. Die Chancen werden schnell erkannt, und die Möglichkeit, große Gewinne zu erzielen, verleitet oft dazu die Risiken nicht zu beachten. Zur Information zählt daher zunächst ein Grundverständnis der Funktionsweise. Darüber hinaus sollte sich der Anleger mit den konkreten Ausstattungsmerkmalen eines Scheins vertraut machen. Ohne die genauen Angaben über das zu erwerbende Recht, kann eine Beurteilung von Chance und Risiko nicht vorgenommen werden. Fehlt z.B. die Information über das Bezugsverhältnis, kann die Preiswürdigkeit eines Scheins nicht beurteilt werden.

Unter dem Gesichtspunkt der Risiken stellt die Laufzeit eine sehr wichtige Information dar. Da ein Optionsschein eine Wette auf die Zukunft darstellt, ist deutlich, daß mit kürzer werdender Restlaufzeit des Scheines auch der Wert des Scheines sinkt. Denn je länger die Laufzeit, desto größer die Chance, innerhalb der Laufzeit einen Gewinn zu erzielen. Dieser Wettlauf gegen die Zeit spiegelt sich täglich im Kurs des Scheines wider, der heute laufend mit mathematischen Formeln berechnet wird. Bei unverändertem Kurs des Basiswertes fällt der Schein täglich um den Faktor der kürzeren Restlaufzeit.

Abb. 2 [12]

Zum Ende der Laufzeit schmilzt der Zeitwert wie Butter an der Sonne.

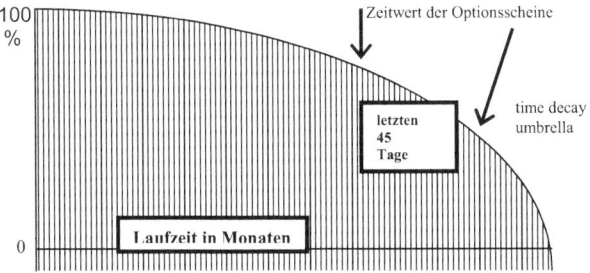

---

[12] Weissenfeld, Horst und Stefan, Das grosse Buch der Optionsscheine 1998, S. 525

Der Hebelwirkung kommt bei Chancen wie Risiken eine gleich hohe Bedeutung zu. Der Hebel funktioniert nicht nur bei positivem Kursverlauf. Bei fallenden Kursen des Basiswertes fällt der Kurs des Scheines ebenfalls beschleunigt, um den Faktor Hebel. Auch dieses Risiko wird von Anlegern oft unterschätzt. Die Kombination aus Laufzeit und Hebel kann somit schnell zu einem substantiellen Rückgang des Kurses vom Optionsschein führen. An diesem Punkt sollte die Einschätzung des Basiswertes erneuert werden. Sollte unverändert eine positive Einschätzung gerechtfertigt sein, wäre zu überlegen, ob man statt eines Zukaufs des gleichen Scheines (Verbilligen) einen vergleichbaren Schein mit längerer Laufzeit erwerben sollte.

Ein weitere Aspekt liegt in der Liquidität des Scheines. Unter Liquidität wird hier verstanden, daß der Schein jederzeit ge- und verkauft werden kann. Ist ein Handel nicht möglich, bleibt nur die Ausübung des Rechtes. Der damit verbundene Zeitverlust kann aber bedeuten, daß sich der Kurs des Basiswertes schon wieder verändert hat, wenn der Verkauf technisch möglich wird. Eine hohe Liquidität wirkt auch positiv auf die Kursgestaltung. Der Händler wird dann seine Handelsspanne, die Differenz zwischen An- und Verkauf, kleiner halten als bei einem Schein, in dem nur sehr unregelmäßig Umsätze stattfinden.

5 Zusammenfassung

Optionscheine stellen eine besondere Art des Termingeschäftes dar. In ihrer grundsätzlichen Ausgestaltung sind sie standardisiert und als Wertpapier verbrieft. Daher können sie an einer Börse gehandelt werden.

Die Vielfalt der Optionsscheine ermöglicht es heute dem Anleger, mit begrenztem Einsatz an den Kursentwicklungen unterschiedlichster Anlageformen teilzunehmen. Hierzu zählen Aktien, Aktienindizes, aber auch Währungen, Zinsen und Edelmetalle.

Optionsscheine beinhalten aber auch Risiken die höher sind als andere Anlageformen. Hierüber müssen Banken ihre Privatkunden umfassend beraten, bevor ein Geschäft abgeschlossen werden kann. Das Risiko drückt sich im Wesentlichen in zwei Formen aus: dem Hebel, der den Kurs des Optionsscheins viel stärker steigen oder fallen läßt als den Kurs des zugrunde liegenden Wertes, und der Laufzeit; da ein Optionsschein nur eine begrenzte Laufzeit hat, wird er an einem bestimmten Termin wertlos. Sofern die Option bis zu diesem Termin nicht ausgeübt wurde, oder der Optionsschein nicht vor dem Verfall verkauft wurde, erleidet der Anleger mit seinem Investment einen Totalverlust.

Viele Anleger nutzen Optionsscheine um gezielt Börseneinschätzungen umzusetzen, und auf ganz bestimmte Trends zu spekulieren. Call-Scheine bieten eine Spekulation auf steigende, Put-Scheine eine Spekulation auf fallende Kurse oder Zinsen. Optionsscheine können aber auch defensiver eingesetzt werden. So kann ein Anleger einen Wertpapierbestand kurzzeitig gegen Börsenschwankungen absichern indem er vergleichbare Optionsscheine erwirbt, die in ihrer Wirkung die Kursentwicklung des Anlagebestandes kompensieren. Der Kauf der Optionsscheine entspricht hier am deutlichsten der Zahlung einer Versicherungsprämie.

Anleger sollten die Beratung einer Bank nutzen, sich aber auf zusätzlichen Wegen Kenntnisse über Optionsscheine erwerben. Viele Zeitschriften veröffentlichen neben den reinen Tageskursen auch Bewertungskennziffern, welche die Preiswürdigkeit eines Scheins angeben. Hierzu zählen das Aufgeld, der Hebel, sowie Angaben zur Volatilität.

Banken bieten ihren Kunden den Handel in Optionsscheinen im Rahmen des üblichen Wertpapiergeschäfts an. Für die Ausführung von Orders berechnen sie die üblichen Börsenprovisionen. Größere Banken zählen zu den Emittenten von Optionsscheinen, und betrachten die Ausgabe und den aktiven Handel in diesen Produkten als Profit-Center.

Bei richtiger Einschätzung des Risikos für den Anleger selbst, und des Risikos eines bestimmten Optionsscheins, eignet sich das Instrument Optionsschein gut, um kurzfristige Anlageziele zu realisieren. Der Anleger sollte aber nie den größeren Teil seines Vermögens in solche Scheine investieren, da das Risiko eines Totalverlustes nie ausgeschlossen werden kann.

6 Literaturverzeichnis

Derivate: Riskant, aber profitabel
Hans-Lothar Merten, 1996

Geld-Banken-Börse – Kleines Lexikon für Einsteiger
Michael Brückner, 1995

Millionen mit Optionen
Gezielter Vermögensaufbau mit Aktien und Indexoptionen
Bernie Schaeffer, 1997

Das grosse Buch der Optionsscheine
Alles über Optionen, warrants, Finazinnovationen
Horst Wiessenfeld/Stefan Wiessenfeld, 1998 Börsenverlag

Optionsscheine für Einsteiger
Werner Schwanfelder, 1999 Campus Verlag